억수로 쏟아지는 봄비를 뚫고
마라톤 풀코스를 내달리다

억수로 쏟아지는 봄비를 뚫고
마라톤 풀코스를 내달리다

초판 발행일 / 2018.2.10

지은이 / 안희두
펴낸곳 / 도서출판 아침
등록 제21-27호(1988.5.31)
주소 서울시 마포구 토정로5길 23(202호)
전화 326-0683
팩스 326-3937

ISBN 978-89-7174-057-6 03810

안희두 제11시집 〈시조전집 4〉

억수로 쏟아지는 봄비를 뚫고 마라톤 풀코스를 내달리다

도서출판
아침

안희두 시조전집 4를 엮으며

2017년, 자유시로 시작詩作 활동을 시작한 지 30년을 맞아 시조전집을 출판하기로 마음먹고 발표 작품을 수학數學 이야기와 국내여행, 해외여행으로 분류해 보았다. 수학과 수학자를 소재로 한 안희두 시조전집 1 『쇽! 뚫렸다 참 아름다워요』, 국내여행을 주제로 한 안희두 시조전집 2 『행복주머니 한반도』, 해외여행을 주제로 쓴 안희두 시조전집 3 『인생을 여행이라 쓰고 행복으로 읽는 For-me』를 출판했다. 내 삶의 진국만 담겨있는 시조들을 모아 이제야 안희두 시조전집 4 『억수로 쏟아지는 봄비를 뚫고 마라톤 풀코스를 내달리다』를 출판한다.

시집의 제목처럼 18개월 남은 정년까지 풀코스를 내달리지 못하고 교직 36년 11개월로 명예퇴직을 결심했다. 교직의 후배들에게 승진 대기의 기다림을 녹여주는 선물을 주고 싶다. 나로 인해 누군가에게 교장 승진을, 교감 승진을, 신규 임용을 다소나마 앞당겨주는 기쁨을 선물하고 싶다. 그리고 그동안 옆에서 꼼꼼히 도와준 아내와 함께 하루라도 젊었을 때 세계를 두루두루 돌아다니며 나를 찾아가는 꿈을 펼치고 싶다.

2017년 12월 30일

〈목차〉

제1부 돈키호테

제2부 미련

제3부 묻지 말기

제4부 터닝 숏!

제5부 기러기

제6부 아바마마 살려 주소

제1부
돈키호테

미쳤다
다 미쳤다
내가 봐도
다 미쳤다

마라~톤
풀코스를 질주하는
돈키호테 crazy

아직도

깨끗이 닦아내도
차마라는 티끌이
꺼질 듯 꺼질 듯
불꽃으로 되살아나
아직도
꿈이 넘쳐나는
터질 듯한
봉오리

잘도

짧으면서 힘차게
채찍보다 추임새로
얼씨구 잘도 한다
절씨구 잘도 논다
솟아날 구멍은 있다지요
용케 봄은 오겠네

일리가 있다

일리一理가 있단 말은
물꼬요
숨통이라
십 리를 걷다 보면
앓던 병도 훌훌 턴다
그렇다
천 리 길도 한 걸음부터
아리랑 아라리요

만일에

만일萬一에
만에 하나
걱정이 태산이다
삼십 년 뒤에 일은
그때 가서 생각하자
오늘은
그냥 푹 쉬자
웃음을
만들면서

천만에

천만千萬에
내 손에 장을 지진다고요

천만 개에 하나예요
그렇다면 해야죠

억장億丈이 무너져 내려도
다시 한 번
믿어봐요

나도 일조를 했다

일리一理는 십 분의 일
만일萬一은 만 분의 일
천만千萬에는 천만 분의 일
일조一助는 일조一兆인가?
간절히 동상[1]의 발을 만지니
전설이 주렁주렁

---

1) 컬럼비아대학교 로우기념도서관 앞에 알마마타 동상이 있는데, 속설에 발을 만지면 이 학교에 입학할 수 있다고 하여 발이 빤짝거린다.

마침내 하프를 내달렸다

까맣게 잊었지만
유전자는 뛰고 있다
살기 위해 뛰었고
뛰었기에 살아있다
마침내 하프를 내달렸다
남은 길은 구만리

끝없이 파고드는
달콤한 유혹 뚫고
백 리쯤 내달리는
철마로 단련하자
스스로 내리치는 채찍이여
한 고개 넘어간다

억수로 쏟아지는 봄비를 뚫고 마라톤 풀코스를 내달리다

하루 종일 비 내리는
2015년 4월 19일
도로 따라 뛰는 물에
백령도 뱃멀미다
인당수 뛰어든 꿈 하나
활짝 핀 악몽이다

미쳤다
다 미쳤다
내가 봐도
다 미쳤다

달콤한 봄비였다
억수다 원수로다

마라~톤
풀코스를 질주하는
돈키호테 crazy

일주일에 한 번씩
half를 내달려도
42.195는
2차원과 3차원
심한가, 100℃ 물과 수증기
그쯤에다 비할까

할 수 있다

할 수 있다
그쯤이야 나도 한다
외치면서

누군가
해주겠지
사방을
둘러본다

속 터져
검붉게 피어난 꽃
아름다운
삶이다

동메달

은메달 영광에도
금이 있어
속 쓰린데

동메달 못 땄으면
거품이라 기쁘단다

1등은
수미산 꼭대기
감동이고
창조다

삶은 계란

어제보다 오늘이
오늘보다 내일이
따져보며 나아감은
뱅뱅 도는 곯은 계란計亂
속아도
그러려니 웃으며
삶은 계란
외친다

둥글둥글 살아가며
멍도 풀고 아픔 녹여
스무하루 품다 보면
병아리 태어나듯
노니는
칙칙한 나의 늪
철새들의 보금자리

웃음은 머리 위에 숨이라

머릿골이 숨 쉬는
정수리가 웃으니
찌푸리던 얼굴도
발끝까지 웃는다

새맑게
마음이 열리는 울림
파란 하늘
하!
하!
하!

되새김

한 석 달
체했었다
되새기고
되씹은 말

거창한 훈수라며
근엄하게
폼 잡았는데

아프다
그래도 삭혔어야 할
풍문이고
꿈인 걸

行福해서 幸福하다

다행이다
다행이다
그만하길
多幸이다

쏘다니기 바쁘니
그만하길
千萬多幸

바쁘게
하루하루가 흘러
行福해서 幸福하다

학교는 늘 놀이터

50년을 한결같이
학교에 쏘다녔다

아니다
잠시 집에
잠자러 다녀왔다

학교는
늘 놀이터였다
허기진 수렵시대

종이학 1

신발장에 놓여진 뜻밖의 천 마리 학

이름표가 붙었지만
비슷한 이름이 하도 많아 엉뚱한 애를 연상하다
사흘 만에 주인공을 찾아 놓고 고민이다
고민이다
그까짓 것 하면 그만인 것을
왜 나에게 주었을까
사나흘 밤을 설쳐도 풀리지 않는 고차방정식에 밥맛을 잃었다
담임도 아니었고, 단지 수업만 가르쳤는데
날 좋아한다는 감
아니 그 흔한 카드도 보낼 줄 모르던 아이였는데…

은은히 풍기는 기쁨에 다이얼을 돌렸다

종이학 2

전화론 처음인데 금세 날 알아챘다

천 마리 학을 접으며 빌었던 소원이 무얼까
하나일까 둘일까 시시각각 변했을까
내가 할 수 있는 조그만 것 하나 기꺼이 베풀려 해도
도통 대답이 없다 말이 없다
외려 푸른 하늘로 날아오르는 꿈의 발목들을 묶는 것 같아
고맙다는 말 밖에…

내 품서 화들짝 날개 펼쳐 돌아갈 날은 언젤까

신만우절 1

삘기를 뽑아 먹고
진달래 따던 봄날

큰일 났다 큰일 났다 헐레벌떡 뛰어오던 순이, 심장의 박동수를 줄일 새도 없이 손짓 발짓으로 너희 집에 불났다고 알렸지만, 안 속는다 고집 부리다가 언덕 너머 검붉게 피어오르는 버섯구름에, 어떻게 내달았는지도 모르던 유년의 만우절

헛간만 잿더미로 변했기에
한숨을 되돌렸지

신만우절 2

하루쯤 속고 속이며
웃음꽃 피던 날이었는데

……

속으며 늘 살아왔기에
속을 것도 없는 세상

신만우절 3

교실의 문패부터 뒤죽박죽 바뀌었다

마음 놓고 들어오라 출입문은 활짝 열렸으나, 이미 칠판엔 선생님 골탕 먹이는 날이라며 낙서판으로 변했것다, 돌다리가 박살나도 두드리며 건너가듯 뜸 들이며 다가서는 순간 참다못한 양동이가 떨어지며 물바다를 이루었지만, 호랑이를 잡으려면 호랑이 굴로 들어가라, 나쁜 버릇 고치려 엉금엉금 들어서는 순간 폭죽이 터지며 물풍선 내리친다, 팔방에서 달려들며 치고 빠지는 손오공의 분신술인 양 톱밥과 밀가루가 체를 치듯 쏟아지며 폭소는 고막을 찢는다

걸음아 날 살려달라
교실문을 박찼다

신만우절 4

얼빠진 넋을 추려
거울 앞에 다가가자

새앙쥐 물에 빠졌다가 밀가루를 뒤집어쓴 형상이라, 불행 중 다행이라면 프라이팬에 오르지 못한 것이랄까, 간도 빼줄 만큼 빼주었고, 쓸개는 이미 말라버려 비틀어진 지 오래지만, 이에는 이빨로, 피에는 핏물로 회를 치라 했던가

철분이 부족해 어찌 사냐?
학부모가 반문하네

제2부
미련

어쩌면
행복의 늪에
빠졌는지 모릅니다
진솔한 삶으로도
허공에 뜬 추억들을
하나씩 들추어 가며
제 선혈을 갉습니다

KS 1

당신의 목소리에
놀라 깬
유월 초하루

무슨 일일까
기다리다
부름을 받았지요

꿈속에
그려는 보았어도
상상도 못했어요

KS 2

무슨 일이 있어도
당신 품에 가고픈데
구슬은 넘쳐나도
꿰어지지 않으니
가슴이 치밀어 올라와요
찬란한 꽃길인데

KS 3

한 발 한 발
떼다 보면
가시밭도 한걸음

욕심을 내려놓고
도시락圖詩樂을 펼쳐 든다

한바탕 놀아나 보아요
시상詩想을
맘껏 풀며

KS 4

남만큼 노력해선
남 이상 될 수 없다
이제는 바꿔야지
당신 멋져, 하하하
하늘도
해를 잡고 웃는다
신천도 싱그럽다

KS 5

그래
그래
키팅도
한 수 아래

죽은 시인이 아니라
살아있는 시인이다

광대와
한판 놀아봐요
모두 나와
춤춰요

숙지산

30여 년 살면서도
무심코 지나쳤다

급경사 달동네로
무다리만 떠올렸다

한숨에
다다를 123미터
그렇게 스쳐갔다

숙지산 효심

화성의궤 살펴보면
세세한 정 찾겠지만

화성을 꽃피우려
품어올린 숙지산

간 떼어
부모님 살린
효자효녀
그 마음

도약의 땅, 숙지산

수원에 입성하려
화성을 돌고 돌다

넉살스런 숙지산
잡힐 듯한 봉우리

도전은
인생의 산소
안주安住는
안락사다

한솥밥 고락

모처럼
산에 가니
때늦은 폭우다

돌아갈까 피해 갈까
그대로 돌진이다

내 가족
어찌 버리나
한솥밥
고락이다

우중 산행

마침내
진흙 범벅
숙지산에 올랐다

한 치 앞도
가로막는 먹구름
황량하다

깔깔깔
아파트마다 웃는다
연탄재
어디 없소

기절 놀이

삼월이라
축배에
인사불성
등교다

사흘째 무사하나
숨 한 번
내뿜는데

놀다가
실신했단다
불길한
악몽이다

자살&살자

살자
살자
외치는데
감겨 오는
오랏줄

꿈도
희망도
짓밟힌다
존심조차

잠들다
벌떡 일어나
안기고픈
저 절벽

시뻘건 불면의 밤

비우려 눈 감으면
한가위 만월이다

수면제 약발에도 시뻘건 불면의 밤

힘 빼라
말로는 참 쉬운데
하늘에 별 따기다

러너스 하이

부교감과
교감신경
죽자 살자
가잔다

그렇게
다투면서
싹트는 게 정이란다

달리다
러너스 하이runner's high
밥이고
정기란다

도돌이표

낚싯배
올라탄 지
10분 만에
멀미다

월척도 포기하고
도돌이표
찍고 싶다

쭈우욱
앞을 내다보란다
수평선
그 너머로

우리는 모두 과학자가 되었다

앙금은 생겼는가
앙금이 녹았는가
여섯 개 미스터리
오감을 뒤흔든다
모두가 과학자 되었다
다음 시간 그립다

배울 學과 운전

배울 학學과 운전은
생김새가 똑같다
산가지 놓아가며
가르칠 땐
본받을 효爻
죽어도 앞장서 가라
공부도 1등이다

150m 보살이 되고 싶다

잘 빠지던 차선이
오늘은 뒤처진다
트럭이나 포클레인
대형차도 없는데
보살님 가시나 보다
안전거리 100미터

출근길 퇴근하는 달

먹구름 타고 노는
달이 있어 그냥 좋다

깜깜한 밤 아니어도
그대 있어 마냥 좋다

출근길
서편에 지는 보름달
웃음꽃 한 바가지

미련

어쩌면 행복의 늪에 빠졌는지 모릅니다
진솔한 삶으로도 허공에 뜬 추억들을
하나씩 들추어 가며
제 선혈을 갉습니다

가족보다 사랑하며 지혜를 심어줘도
이미 식은 찻잔 속엔 트다 멈춘 꽃씨뿐
강물에 던졌더라면
후회는 없을 것을

불륜의 사랑인 양 행幸여 뒤를 돌아보면
부러진 날개 밑엔 계륵鷄肋만이 쌓였구나
연풍에
휩쓸리는 휴지
그 옛날이 그립다네

제3부
묻지 말기

취직은?
결혼은?
자랑하듯 묻지 마라

팔불출
될 때까지
그리움에 묻지 마라

자식은 피가 말랐다
부모는 돌부처다

그즈음

삼십여 년 휘감아온
한 잎 연기 걷어내고

붙어살던 주선酒仙도
저만큼 물리친다

시심詩心을 풀어놓았으니
사연은 묻지 마소

이즈음

걱정되어 묻는 말에
대답하다 쏟은 눈물
머리부터 발끝까지
마른번개 불꽃놀이

때때로
격려의 한마디가
독일 수도 있지요

요즈음

야산이나 명산이나
틈만 나면 산에 들어

홀로 걷다 둘이 걷다
벗도 되고 님도 되니

무겁던
천 리 길 만 리 길
휘영청 달이 뜨네

묻지 말기

취직은?
결혼은?
자랑하듯 묻지 마라

팔불출
될 때까지
그리움에 묻지 마라

자식은 피가 말랐다
부모는 돌부처다

고3 딸에게

넘어야 할 길이라면
앞장서서 나아감이

마음부터 편하다고
웃음 짓는 딸에게

무지를 깨우쳐 나감이
행복한 공부라고

정기고사 앞두고
모녀가 동고동락

꿈꾸다 벌떡 일어나
책상 앞에 책을 편다

大자로 잠든 심신을
옭매는 자 누군가

며느리를 맞이하며

첫눈에 알았어라
하늘이 맺어줌을

볼수록 끌리는 정
아리따운 윤아야

나날이 깊고도 넓어지는
축복의 강이 되렴

그래 장가가라, 아들아

유학 간지 3학기에
MIT 석사 훌쩍 넘곤

둥지 틀 천사까지
만났다고 자랑이다

8년을 외톨로 살았으니
뱃고동 높이거라

상견례

아들과 따님으로
사돈의 연 맺는 자리

서운함도 서먹함도
웃음으로 넘쳐나고

정답게 살아갑시다
더도 말고 오늘처럼

결혼을 축하하며

장가가는 준규야
시집오는 윤아야
망망대해 먼 세계로 배 한 척 출항하며
파도가 춤을 출까 봐 걱정거리 앞을 선다

태평양 건너 보스턴에서
천우신조로 맺은 인연
하객님께 은총 받아 천년만년 부부 되니
주례사 나침판으로 삼아
힘찬 행진 나아가렴

살다 보면 청천벽력 아픔 어찌 없으랴만
고난을 뚫고 나감에 사랑이 샘솟는다
기쁨은 이웃에 나눠주고
시련엔 도약하라

하객님들께

나라에 바친 아들이오
하객의 따님이라

축복의 물결 속에
더더욱 정진하여

필즈상[2)]
조국에 바치도록
성원을 잊지 마소

2) 필즈상(Fields Medal)은 수학의 노벨상으로 불리는데 4년마다 세계적으로 저명한 40세 미만의 수학자에게 수여하는 상이다.

밤낮 1

해 뜨면 낮이 되고
해 지면 밤이니라

그렇게 알고
그 이상 알려고 노력하지도
할 필요도 느끼지 않았지만
"옆 사람의 얼굴이 나의 핏줄이라 느껴지면 낮이요,
낯설면 눈멀게 밝은 대낮이어도 항상 밤이다." 라는
글귀에

벼락을 맞았기에 외려
밝아오는 눈빛이여

밤낮 2

초침으로 다가오는
얼굴얼굴 들여 봐도

갓난아이의 얼굴을 빼놓곤
낯설지 않은 얼굴이 없네
같은 핏줄임에도
부모가 자식을 못 믿다가 심하면 거리에 팔아먹고
자식 역시 심심찮게 부모를 버리는 세상에

낯익은 얼굴을 기다리는 건
태풍의 눈이랄까

밤낮 3

모두가 남남이기에
쉽게 쉽게 살아가나?

지면을 온통 먹칠하던 청문회도
대기업의 비업무용 토지도
수서와 정보사까지 모두 모두 별나라의 이야기다
불법 유아원에서 불법 학원으로
불법 과외에다 특별 과외로
기부금으로 도금한 부정 입시로 길들여져
Ω大도 야바위로 입학하려는 세상

사나흘, 길어야 석 달이면
오밤중도 대낮이네

어둠을 지나며

뻐꾸기나 오리 새끼 기르는 줄 모르던 삶을
지난 겨울 눈보라는 여지없이 깔아뭉개
가슴은 석 달 하고도 아흐레 마를 날이 없었다

시리도록 새파랗던 하늘도 내 맘 같아
사나흘 밤낮으로 내장을 쏟아붓더니
오늘은 선산의 사투리로 목을 놓아 흐느끼네

녹슨 별들 고향 버리듯 텃새는 날 떼밀고
밤 향기 짙은 길가엔 수천의 가시 돋쳐
촛불의 몸 태우는 고백도 신의 한 치 은총인가

어둠이 내리기 전 이미 잠든 새떼들이
깊은 밤 잠재우고 단꿈의 가닥으로
부러진 날개도 깊고 먼저 먹일 채는구나

해가 돌고 별도 돌 듯 지구도 돌고 돌고
프로펠러 돌아야 꿈도 뜨고 창공 날 듯
돌아야 사는 세상이라면 명줄 끝을 쥐겠네

바람에게

어둠에 천년쯤 취한 바람이고 싶었어라
먹구름 가득 안고 한 사날 퍼붓다가
무지개 하늘에 띄우곤
헤살 치며 웃고파라

술독에 뿌리내린 바람이고 싶었어라
맞버틴 놈들마다 토막 내어 엎어놓곤
풀잎을 피리로 삼아
음치라도 울고파라

무 속 휘돌아 친 바람이고 싶었어라
속옷까지 모두 찢겨 나풀대는 시래기로
죽 쑤어 목구멍 때우곤
시원스레 살고파라

얼음을 부풀리는 바람이고 싶었어라
체온을 핥아내어 흰 눈 속에 파묻으며
누더기 훌훌 벗겨내곤
새 봄옷 짜고파라

먹구름에게

할망구 주름만큼
忍苦의 능선 넘었는가

그때마다 멍든 가슴
숯덩이가 되었던가

네 가슴 그리 무거워도
사뿐 걷는 구름아

강의 흐름 바꿀 만큼
피눈물 쏟으면서

그래도 남는 앙금
불꽃 튀는 북이더니

속 푼 듯 시치밀 뚝 떼곤
무지개로 웃는구나

터질 듯 익은 꿈밭
불꽃으로 떠났어도

미련의 몸무게로
휘청대는 귀갓길

땀방울 장대비로 쏟아도
몸 풀 날은 아득하네

하늘을 오르며

누더기 훌훌 털며
비우고 비웠기에
처녀막 투과하는
바다의 영혼이여
춤추는 아지랑이는
해탈인가 윤회인가

자궁 속엔 모든 것이
거꾸로 자라나듯
중력을 거스르며
피어나는 열반이여
도면의 바벨탑까지
사뿐 오른 연꽃이네

석가는 미륵불로
중생 구제 약속했고
예수는 사흘 만에
부활을 왜 했는가
구천을 오르내리며
잉태하는 씨앗이여

바다에서

흐를 대로 쉽게 흘러
한없을 네 가슴도
햇살에 그늘 품듯
못 벗은 인연인가
뭍마다 물거품 물고
칭얼대는 바다여

베어내고 뽑아내도
바람이 불 때마다
임금 귀가 나귀 귀라
노래하던 대밭인 양
골백번 고꾸라져도
달려오는 바다여

엎어진 물동이듯
되짚어 못 가기에
전신에 열꽃 쓰고
끙끙 앓는 바다여
수평선 밟고 오르려
출항하는 고동소리

고향 가는 길

간다 간다 고향으로
한 발 한 발 내디디며

아내와 손을 잡고
달이 되고 구름 되어

구만리
저승길 반추하며
읊조리는 동화책

제4부
터닝 슛!

저거 제가 해봤는데
어려워요!
어려워요!

인프런트로 센터링
가슴으로 트래핑
발등과 볼의 임팩트
정확해야 뜨지 않죠
축구는 어디까지나 과학이죠,
골인 골인 슛 골인

한평생 꽃인 계집

태어나는 순간부터
꽃 중에 꽃이었지

거울을 달고 살며
이골 난 방향芳香 타령

가랑잎
뒤척이면서도
한평생 꽃이라네

꽃을 쫓는 사내

엄마 품을
떠나는 게
크는 줄로
알았어라

전생은
꽃이란 꽃
톡톡 쏘던
땅벌 땡벌

앙상한
삭정이 숨기고
꽃을 쫓는 철부지

사랑의 이중창[3)]

날이면 날마다
꽃구름 피어나게

서로가 서로를
나보다 위하는 맘

끝없이 울려 퍼지는
곱고 고운 이중창

---

3) 중앙일보 독자시조란(1983년 7월 9일자)에 게재됨.

연가

진주 품은 당신의
빛나는 그 눈빛이
잠든 가슴 뒤흔들며
달맞이꽃 돋아날 때
이 몸은 당신 가슴에
철썩이는 흰 물결

더러는 눈빛으로
가라앉은 물소리로
맑은 하늘 별이 총총
이슬 받은 가슴 열고
숨어서 지켜보는 하늘
돌아가는 먼 수평선

참으로 행복합니다

물결 따라 장단 치며
춤을 추는 단풍잎

바람 타고 두리둥실
꽃구름에 실려 가면

참으로 행복합니까?
행복한 삶인가요?

번쩍이는 시상에

꿈속으로 날아든
번쩍이는 시상詩想은

섶에 지른 불씨다
저승사자 미끼다

잠들면
업어 가도 모르는 밤
그런 행복 그립다

어느 것이 진짜일까

달콤한 꿈을 꾸며
편안한 잠을 자는

푸석한 내 얼굴이
내 영혼의 뿌리일까

감아도
눈에 선한 내 쌩얼은
황홀한 카멜레온

우체국에서

별납 도장 찍자 해도
멋없다 하더니만

우표를 뽑아다가
아무 데나 붙인다

친절도
넘쳐서 흠이다
가슴이 쓰려온다

새벽

첫눈인가 흘끗흘끗
동안童眼에만 얼비치자

눈발은 깃털 몸통
치고받고 난리다

병마를
뿌리째 뽑을
길눈은 언제 필까

악법도 법이지

5분을 아끼려고 통제된 길로 가며
혹시나 코에 낄까 육감까지 곤두선다
악법도 법이라면서 죽어간 소크라테스

있으나 마나 한 것 한둘이야 말을 하지
한 쪽 귀로 들어왔다 다른 귀로 빠져나갈
피부로 느끼지 못할 말들만 많은 세상

그래도 선생님은 인류의 사표인데
남들이 어찌하건 지키라는 천둥소리
오늘도 5분을 아끼려 금지된 길로 간다

누굴 위해 금지했나 따질 만도 하건마는
코에 낄까 두려울 뿐 나서는 이 하나 없다
개혁만 소리 높을 뿐 파문 없는 오뉴월

게임마니아

밥 없이
잠도 없이
2박 3일 좋지요

때로는 하나뿐인
목숨도 내놓지요

눈보다 더 밝은 손가락
뚫었는가 선계仙界를

누구나 한 생 살며
하고픈 일 얼마나 할까

죽으며
한이 없다
자신 있게
말 하겠나

"변신" 좀 읽어 보게나
하루면 충분하리

징크스

징크스란 단어만 떠올려도
스트레스다
시험만 떠올려도
욕먹을 줄 알면서도
수염은 방치해야 했다
완성 향한 저주였다

마음이 편해야만 사막에도 물이 솟나
1등 학급 위해서
월드컵을 위해서
수염을 만지며 흐뭇한데
애들부터 난리다

덥수룩한 수염으로
그리된 적 없지만
고비를 앞두고선 치솟는 운명이다
13에 금요일 밤은
먹구름 속
달 달 달

남아공 월드컵

자블라니[4] 달아나고
킥을 하면 멋대로라

세기의 도박사들
승률 계산 분주한데

파울[5]은
족집게 점쟁이
싱거운 8전 8승

---

4) 자블라니(잡을라니) : 2010년 월드컵 공인구인 "자블라니"는 남아공 인구의 1/4이 사용하고 있는 줄루어로 "축하하다"의 의미를 가지고 있다고 한다.

5) 문어인 파울은 수족관에서 국기가 그려진 쪽의 홍합을 먹는 것으로 점을 쳐 결승전까지 8경기 모두 맞춰 남아공월드컵의 유명 '어물'이 됐다.

독일월드컵

강팀에게 외려 강한
붉은 악마 태극전사
필승 비법 있다지만
8위와 29위
실력은 인정하면서도
일내길 기원했다

역전으로 토고 넘듯
프랑스도 그리되길
들어가는 헤딩슛도
넘어지며 쳐낸 마법
신들린 춤판으로 승리하길
전 국민은 열망했다

스위스를 넘어야 16강에 오른다
역전의 명사답게 위기 후에 호기인데
선심은 깃발을 들었어도
주심은 당당했다

Cha Bum의 실수인가 엄살인가 몰라도
억울해요,
주심의 결정적인 실수예요
터닝 슛!
저거 제가 해봤는데
어려워요!
어려워요!

인프런트로 센터링 가슴으로 트래핑
발등과 볼의 임팩트 정확해야 뜨지 않죠
축구는 어디까지나 과학이죠,
골인 골인 슛 골인

꿈속에서 혼잣말로 치고받는 축구지만
사실은 문선이가 제대로 설명했지
선생님, 누리꾼 폭탄 맞아요
그렇게 죽고 싶어요

'한국근현대회화 100선'전을 보고

두 번 다시
보기 힘든
걸작 중에 걸작들
이중섭, 박수근, 김환기, 천경자 등
이름만 들어도 반갑다
출렁이는 명화들

둘러보고 돌아봐도 아름다운 그림 없다
며칠에서 몇 달을, 일생을 왜
퍼부었나
화향畵香은 천리에 뻗쳤는데
주인은 말이 없다

그림에 넋을 담곤
시대를 뛰어넘어
잠 속에 대궐 졌나
별나라 가 버렸나
수없이 물음표를 날린다
울림 없는 느낌표

스페인 프라도 미술관에서 마하와

옷을 입은 마하와
옷을 벗은 마하
광속으로 내달리며
타오르는 불꽃은
가슴에 담아두기엔
너무나 뜨거웠다

solo Goya 여인을
어느새 끌어안고
활짝 핀 가슴에다
불꽃 튀는 눈동자
한바탕 나뒹굴어도
청명한 봄날이다

제5부
기러기

어둠을 헤치면서
앞장을 선다는 건
모두에게 희망이다
우리에게 에너지다

기러긴
그렇게 겨울을 날아간다
베풀며
힘을 얻어

진달래

맨발로 기다리다
예까지 뛰어왔나

상기된 붉은 얼굴
방긋 웃다 떨구누나

온 산이 붉게 타오른다
열여덟 살 순이다

등산길에 진달래

아이젠에 잘리었나
끊어진 뿌리에도

땅속부터 봄이 오나
하얀 수액 내뿜더니

간밤엔 샛붉은 진달래
내 마음 휘감았네

목련

산은 산대로
눈썹만 남은 오후
웅크린 그림자를
끌어안고 끄떡이다
불현듯 고개를 쳐들고
꽃을 내민 목련아

새도록 자던 아가
꽃향기에 눈을 뜨고
알 수 없는 옹알이며
연방 피는 미소여
부끄럼 가릴 줄 모르며
두 발까지 춤춘다

벌 나비 모두 모아
어우러진 놀이마당
참새들도 신바람 나
가지 잡고 들썩인다
황사 낀 사월 가슴에
파란 향기 넘치네

시나브로 피는 목련

사면이 시멘트 숲
감옥 속에 살아선가

봄부터 가을까지
한두 송이 내내 핀다

불현 듯 내가 보살인가
나도 돌아 꽃잎 연다

봄비

먼 산은 구름 속에
묵은 때를 미는 날
빈 벌판도 몸져누워
허물 다시 벗는데
스스로 부끄럼 아는가
우산 속의 사람들

겨우내 잠을 자던
땅속을 파고들어
개구리며 온갖 뿌리
담금질로 일깨운다
철부지 꼬마들도 덩달아
철문 열고 나오네

봄비로 목청 틔운
새들의 사랑 노래
빈 가지 흔들으면
꽃과 잎 부화한다
한아름 봄빛을 받아들고
사뿐 가는 수로부인

단비

햇빛도 입자와 파동으로 진행하듯
나에게도 당신의 빛과 눈물 받고파요
멍울도 님의 뜻이라면
피할 수야 없겠지요

빛으로 큰 그리움에 구름이 잠자더니
한 움큼 눈물 받아 두 치로 자라는 정
어느새 주툿빛 대지
연초록 눈을 뜨네

여름날

숨죽여도 흐른 땀에
그림자가 달라붙는 날

나무는 온몸 흔들어
바람을 일으킨다

하늘도 세수를 하나
여우비를 흘린다

장마전선

북태평양 기단과
오츠크해 기단이
콩 볶는 하늘 보며
한 치의 양보 없이
오늘도 먹구름에 휩싸인
휴전선을 비껴간다

평양 사람 서울 사람
떼어놓고 머문 구름
모두 다 눈먼 하늘
철조망은 말이 없고
기압골 너만 솟구쳐
메아리도 핏빛인가

비리의 능선을 따라
앙가슴 맞비비면
응혈 진 깊은 이랑
그 아니 삭을까만
불칼만 서로 쳐들어
목타는 하늘이여

물폭탄

산마다 계곡마다
피울음에 찢기더니

구곡간장 구비마다
녹았는가 잘렸는가

강물도
이리 비틀 저리 비틀
가던 길을 잃었다

태풍과 장마전선
맞장구 어울려도

전 국토 피눈물로
짓밟진 못했었다

건방진
괴발개발 난개발
하늘의 경종警鐘이다

가을이다

구름 없는 밤하늘
춤추는 달 보았는가

바람 없는 푸른 바다
신명 난 섬 보았는가

단풍은
노을에 취해
불타는 사랑이다

팔월 한가위

당신과 나 사이에
만유인력 있는 거죠?

오늘은 추석이라
문자도 주고받고

휘영청
슈퍼문이래요
견우 직녀 보이나요

소변과 단풍

소변에 검붉은 피
비뇨기과 갔더니
오늘 바로 큰 병원에
어서 빨리 가란다
낙엽의
계절이 왔나 보다
자서전을 써볼까

산다는 건
싸게 싸게 비우고 채우는 것
일 년을 쌓아놓다
시원스레 버리련다
올가을
단풍이 더 예쁘겠다
등신불
소지공양

단풍 축제 전야

단풍보다 화려한
아웃도어outdoor에 놀랐나

산마루 노을 찍어
곱디곱게 웃는데

가을은
문 밖에서 애끓는다
첫사랑 멘붕이다

가을 들길에서

그 푸르던 나뭇가지
생명이 잦아들며
한 잎 한 잎 떨어지는
마른 추억 흐느낌에
생각은 어느새 겨울 강어귀
기러기를 띄우는데

가면 다시 못 올
이 저승 문틈에서
식솔들 흔들리는
마른 가을 멍든 바람
하늘도 울음을 삼켰는지
구름 한 점 안 보인다.

비 내리는 겨울

스티로폼 뿌리는 걸
알면서도 속는 세상
청문회 화면마다
말言꽃이 활짝 펴도
벌나비 어디를 갔나
기다려도 오질 않네

답답한 가슴일까
북받치는 응어릴까
한겨울에 내리는 비
사날 두고 내리는 비
부르튼 길거리마다
계절 찾는 향수병

예년이면 흰 벙거지
눌러쓸 팔달산을
한 바퀴 두 바퀴
돌고 돌며 둘러봐도
지그시 눈 감은 도시 위엔
안개꽃만 지천이네

주의보

눈이 오면
끓는 소리
풀이 울다
숲이 운다

하늘도
얼굴 묻고
온종일
고두백배

마침내
펼쳐진 은 세상
아침햇살
아프다

기러기

어둠을 헤치면서
앞장을 선다는 건
모두에게 희망이다
우리에게 에너지다
기러긴
그렇게 겨울을 날아간다
베풀며
힘을 얻어

날아가다 지치면
살짝 뒤로 물러나고
리더를 교대하며
눈보라를 가른다
끼루룩
합창을 하며
세월을
건너간다

연

바람도 없는 허공을
툭툭 차며
오르는 연

얼레에 감긴 인연
시나브로 다 풀렸나

파아란 하늘을 넘고 넘으며
스러지는 나의 혼

봄볕을 듬뿍 받아
활활 타는 대지 위에

연긴 듯 사뿐사뿐
승천하는 아지랑이에

연인 양 들떠 흔들린다,
얼음 속의 물고기도

잃어버린 꿈들이
풍선처럼 부풀어

몸꼴보다 무거운
마음에 설레발치다

향수에 얼레를 되감으면
흔들리는 파란 하늘

옳은 길과 반대말

옳은 길은 ∠R이고
반대말은?
쉬운 길!

새벽마다
수없이 골프공을 날리며

굿 샷은
버디나 홀인원?
아니면
OB 인생

제6부

아바마마 살려 주소

제발 제발 우리 아빠
아바마마 살려주소
제 목숨 바치려니
아바마마 목숨만은
이리 뛰고 저리 뛰며
왕세손 붉은 선혈
입으로 토해내며
피눈물 쏟음에도
정신 나간 할바마마
묵묵부답

반포조

까아악 까악 까악
몸으로 뱉는 소리
옷조차 새까마니
겹겹이 소름 낀다
마음도 또한 그럴까
생각하니 으스스

까악까악 모두 불러
입 가득 물고 가서
불편한 부모님 전
봉양하는 모습에
너만도 못한 내 부끄럼
감출 곳이 없구나

불효자

수매했단 연락 받고
고향에 달려가니

산천은 눈 속으로
길까지 숨었구나

구르며
다다른 부모님 산소
토끼 노루 놀고 갔네

해오름[6]에 답하며

산수山水를 푹푹 떠다
화선지에 옮겨놓고

심지를 곧추세워
피어나는 문인화

묵향의 바다에 빠진다
우주가 펄펄 뛴다

---

6) 최봉돌 시조시인의 문인화

반도 그림자[7] 그 후

새벽부터 밤중까지
때도 없이 호출하여
이것 해라 저것 해라
종 부리는 쥔으로
새경은 추천으로 한다더니
십 년 가도 소식 없소

설레는 마음으로
광교산에 오르면서
바람 타고 배달된
낙엽을 받아들곤
눈여겨 뒤적거려도
놀자락만 튕기네

타오르는 조국애와
들끓는 사랑 녹여
펄펄 뛰던 반도 그림자
강산도 변했는데

7) 『반도 그림자』는 정운엽 시인(1944-1991)의 제3시집이며, 10주년 추모시로 썼다.

이제는 허공에 시를 쓰나
추신 하나 없구려

고독의 성[8)]

사랑이 쌓이고 쌓여
봄바람 일렁이면
얼음골 계곡에선
비밀 캐려 아우성인데
그 가슴 맺힌 숯덩이
불씨 지필 그날은

정화수 앞에 놓고
소원을 빌고 빌면
가운데 솟구치는
거꾸리 고드름은
마이산 은수사에서만
일어나는 신비일까

가시 돋친 새하얀 고독
어느새 성을 쌓고
봄바람 나 몰라라
얼음골 시름이라

---

8) 『고독의 성』은 최희선 시인의 시집으로 2000년 11월 한국문학도서관에서 발행했다.

그 누가 우담바라라
박제하려 하는가

달마를 떠올리며

엊그제 하얀 목련
벙그는가 싶더니만
오늘은 함박눈이
삼라만상 덮으니
달마가 자궁을 나와
동쪽으로 사라진다

지구가 휘청이고
사바 업보 파도쳐도
다정茶汀[9)]한 가슴속에
녹이고 다려내어
코끝에
스미는 향기
온누리 넘쳐나네

9) 김석철 시조시인의 아호

법정[10] 스님

육신을 다비하고
사리를 흩뿌려도

붓으로 뿌린 법문
산과 바다 덮었는데

보시한
말빚을 지지 않겠다
꿈만은 크십니다

10) 법정法頂 스님이 2010년 3월 11일 법랍 55세, 세수 78세로 서울 성북동 길상사에서 입적했다.

프란치스코 교황

사진으로 보아도
환생한 부처님이다
넘쳐나는 미소에
수없이 피는 연꽃
믿는다
거룩한 말씀
하나하나 법문이다

정조 1. 탄생

삼백 년에 길어 올린 대나무 꽃송인가
열여덟 살 세자 선
한밤중에 벌떡 일어나
새하얀 비단에 용을 그려 벽에 건다
꿈이라 하기엔 너무나도 또렷한
여의주 안고 들어오는 용, 성자의 태몽이다
세자로서 제왕 실습 어느덧 삼 년이다
아바마마 뒤를 이어 22대 등극하면
너 또한 나를 이어 조선왕에 오르리니 그만한 태몽은 있어야지
그렇지, 일 년 뒤에 창경궁 떠나갈 듯 우렁찬 울음소리 천둥인 줄 아는구나
어디 보자 고추 있다
강보에 싸였지만 우뚝한 콧날에다 얼굴 생김 비범하니 조선왕조 빛내겠다
온 나라 축복 속에 돌상으로 걸어가며
글만 보면 두리둥실 붓과 먹 만지다가
책을 펴서 읽는 시늉 어진 군주 되겠구나
모두가 만세로다
떡잎은 푸른 하늘을 향해 두 손을 활짝 편다

정조 2. 아바마마 살려 주소

아바마마 여의주를 너무 일찍 받았나요

제발 제발 우리 아빠 아바마마 살려주소, 제 목숨 바치려니 아바마마 목숨만은 이리 뛰고 저리 뛰며 왕세손 붉은 선혈 입으로 토해내며 피눈물 쏟음에도 정신 나간 할바마마 묵묵부답, 펄펄 나는 스물여덟 왕명 받은 세자선 자진을 시도해도 사람 목숨 그리 쉽나, 패륜의 왕세자를 오뉴월 땡볕 아래 뒤주 속에 가두어 굶주려 죽게하라, 그래도 살아 있다 풀을 베다 푸욱 덮으라 불같은 영조 명령 그 누가 어기겠나, 숨을 막는 두엄에다 찌는 듯 타는 날씨 혀가 타고 가슴 터져 팔일 만에 세상 뜬다, 그래, 그랬다, 탕평책 처방전도 세월에 중독되어 고질병 당파싸움 백약이 무효구나, 당대를 주름잡던 노론의 건의 있고 영조 나이 쉰 하고 다섯이니, 건강상 핑계 삼아 열다섯 세자에게 서정庶政을 맡겼는데, 죽을 고비 몇 번 넘겨 오른 왕위 그리 쉽게 물려주나, 서로가 잘났다는 붕당놈덜 떠보면서 대리 정치 재밌건만 세자는 왕이 된 양 여기저기 부딪치며 무탈하리 생각했나 모함 받아 말똥 싸다, 미안하다 세자 선아, 금실지락 왕후 서씨 앞을 서서 보낸 슬픔 이태를 삼킨 후에 열다섯 정순왕후 새출발 삼 년인데 왕위를 어찌 주나, 세제[11]로 책봉된 후 역모에 휘말리며 조바심에 얻은 지병 네게 가니 조울증인가, 그 아니 답답해도 비행을 저지르고 궁궐을 빠져나가 관서를 유람할까, 새 왕비 세자보다 열 살이 아래여도 어머니는 어머니요 받들어 모셔야 할 왕비거늘 생모조차 네 죄 추궁 열 번 죽어 마땅하다, 그 길이 조선 살고 내가 살고 세손 살고

시퍼런 당쟁의 소용돌이 세자를 삼켰구나

---

11) 영조는 숙종의 둘째 아들로 경종의 이복 동생

정조 3. 판도라 상자

동궁으로 앉았어도 울화증에 타는 가슴

패륜 아들 죽였다고 왕인들 편하겠나
죽은 아들 복위하며 사도思悼라 부르노라
왕으로서 명을 한다
죄인의 아들인데 세손인들 왕이 될까 가슴에 묻었어도
백골이 진토 됐을 효장에게 양자 들여 조선 종통宗統 이어가라
사도세자 복권함은 할아버지 허물 들춰 세상에 고함이요
선왕과 맺은 의리 불효로 파함이라

열기도 그냥 덮어두기도 원통함만 사무치네

정조 4. 망울지는 군사론君師論

밤마다 드는 자객 쫓다 보면 새벽일세

효장세자 후손된들 손으로 하늘 가림
하교를 내세우나 잠자는 폭탄이요
사도 죽인 모리배들 세손 목숨 노리는데
새벽닭 울 때까지 살얼음판
학문을 연마하며 강산이 바뀌고도 세 해를 넘겼으니
당대를 이끌어도 손색없는 학자로다

조선의 문예부흥기 비운悲運 속에 잉태했네

정조 5. 등극

잊을 게 따로 있지 아비 죽음 어찌 잊나

여든 하고 둘이니 세손 나이 스물넷 등극한지 반세기라
십 년을 하루같이 병수발한 세손에게 대청代聽을 명하는데
좌의정인 홍인한 앞장서서 반대해도
영조의 유교遺敎 따라 등극하며 선포한다
짐의 양부인 효장세자 진종대왕 추존하며
파주묘는 영릉永陵이라 격상한다
짐의 생부는 사도세자요
부자의 의리로 장헌세자 추존하고
수은묘垂恩墓는 영우원永祐園 격상한다
경희궁에 자객 들어 창덕궁 옮겨가도
죄인 아들 운운하며 또다시 자객이라

책으로 어둠을 쓸고 있다 가슴을 닦고 있다

정조 6. 규장각 설치

채석강에 책을 쌓고 읊조리는 바다인가

비빔밥 탕평책에 의리로 간을 치니
혼란 정국 안정되고 인재들 모여든다
규장각 설치하고 왕이 직접 강론하며
경전의 뜻 토론하다 정치를 논하면서
책도 쓰고 번역 또한 주관한다
사천여 권 편찬되어 방방곡곡 보급되니
격동 시대 새 학문 새 이념 하나하나 정립되고
친위 세력 확대되어 개혁정치 착착 진행
왕권이 강화되고 정국이 안정된다

영롱한 동방의 등불 한반도를 달군다

정조 7. 화산 이장

꿈에라도 아버지를 잊은 적이 있었을까

즉위하자 기다렸듯 궁궐 담장 바로 너머 장헌세자 사당 지어 경모궁慶慕宮 시호 걸고 사도세자 죽어가던 팔일 동안 머무르며 그 고통 헤아린다, 집권한 지 열두 해에 장용영 발족하니 이제야 두 다리 쭉 펴고 자겠구나, 그래도 어둔 구석 고모부인 박명원 시원하게 긁어주네, 아바마마 세자로서 대청한 지 열세 해에 비참하게 가신지라, 배봉산 영우원은 조촐하기 짝이 없다, 윤선도가 추천했던 효종 능침 수원읍치, 팔백 개 연봉이 꽃잎으로 둘러싼 곳, 국중 제일 명당자리 왕릉에 버금가는 현륭원을 만들어 이장코자 땅을 파니 물구덩 물이구나, 불효로다 불효로다 젊은 세자 뒤주 속에 굶겨 죽여도 시원찮나, 28년 흐르도록 수장했단 말인가, 당대 최고 예술가들 모두 불러 품위 있게 조성되니 다소나마 안심이오, 그래도 부족한 마음 용주사 새로 지어 명복을 비옵니다

바위도 이 가슴에 넣었다면 물로 녹아 흘렀으리

정조 8. 화성행궁

한여름의 뜨거움을 송이송이 담는구나

장헌세자 이장 앞서 팔달산 기슭 아래 행궁과 도시 기반 신읍치 조성한 후 화산의 백성에게 넉넉한 보상금과 이사비용 민생대책 강구하고 특별사면 만만세라, 무엇보다 후한 임금 팔도의 기술자 너도나도 몰려들어 계획보다 앞서간다, 현릉원 완공되자 정조는 전배한다, 눈에 피가 흐를 정도 흐느껴 참배하니 벽파의 신료까지 머리를 조아린다, 해마다 참배길에 백성 원망 풀어주고 특별과거 실시하여 수원읍민 배려하니 수원 가세 수원 가서 부자 되고 양반 된다, 해남에 거주하던 윤선도 후손들도 먼 길을 날아오고 팔도의 부자들이 너도나도 달려간다, 수많은 외지인들 구름처럼 모여드니 남시장에 북시장 상업도시 공업도시 그뿐인가, 동서남북 저수지에 물 가두고 둔전 일궈 농업진흥, 국가는 거금 풀어 수원 번영 일으킨다, 커가는 수원만큼 화성행궁 증축되고 어머니 회갑 맞아 양로연에 과거 실시, 왕실의 경사 백성들과 함께 한다

골 깊은 지극한 효심 조선 속에 수원 뜬다

정조 9. 화성 축성

정조의 깊은 마음 화성 비밀 어찌 아나

돌림병에 왕세자 잃고 노심초사하던 중에 아버님 묘 이장하니 그 음덕에 아들 생겨 무탈 없이 자라나니 성년 되는 갑자년에 왕위를 물려주고 선왕으로 물러앉아 칠순 노모 함께 살 곳 현륭원 옆 화성이라, 능행차 거듭되며 화성행궁 증축하고 훗날을 생각해서 축성을 떠올린다, 정약용 불러들여 거중기 발명하니 오륙백 명 힘쓸 일도 거뜬하다, 팔달산 정상에 올라 수원 뜰 내려보며 이상향 실현할 도시 화성華城이라 명명하고 한나라 수도였던 장안長安에다 새로운 고향 신풍新豊도 첨가한다, 새 읍치 방어 위해 장용외영 설치하고 당대의 실학자 성제 · 성설 바탕으로 축성이 시작된다, 석성과 토성 장점 살려 화살과 창검 방어 총포를 쏠 수 있게 치밀하게 배치하니 아름답고 실용적인 성곽 중의 꽃이 되네, 육백여 칸 행궁에다 조선 제일 전투성곽, 장용영의 비축자금 십만 석과 삼십만 량 막후 정치 기반된다, 갑자년에 양위하여 사도세자 추존되면 사십여 년 애끓던 한 모두 풀어 왕실 권위 높이리라

먹구름 흩날린 하늘 새 봄빛 찬연하다

정조 10. 죽음

아름다운 꽃일수록 열병에 지는 것을

신하들의 만류에도 세자의 책봉과 혼례 소식 선영에 고하려고 현륭원에 성묘 가서 오열하다 쓰러진다, 노정승의 부축 받고 재실에서 밤을 새니 무쇠인들 남아날까

화성행궁 돌아보며 호호부실戶戶富實 인인화락人人和樂 민생을 걱정한다

서울로 돌아가는 미륵당 고개 오르면서

예전에도 그랬지만 마지막 길 예감했나 행차를 자주 멈춰 돌아보기 몇 번인가

후세는 지지대고개라 지명까지 바꾸었다

하늘이 낸 효자라 세상이 떠들어도, 지상에선 한 치도 미치지 못하는 불효 풀 수 없는 한으로 생긴 화병, 여기저기 악성 종기 돋아나며 유월 빨건 고추가 터진다, 피고름이 터진다, 마지막 불효로다

날은 저물고 갈 길은 먼데 신료도 조선도 점점 멀어만 가는구나, 팔도강산 울음바다

저승길 어디 멀다던가, 마음속에 있는 것을

정조 11. 효행

효자는 죽을 때까지 부모를 사모한다

할바마마 왕명 따라 아바마마 운명 모습
열한 살에 지켜보면 너도나도 효자 되나
왕세손에 책봉되고 동궁으로 앉게 되면
십 년을 하루같이 할바마마 간호에다 소변까지 맛을 볼까
없는 사람 살아있듯 인정에서 우러나온 지극한 효심 온 세상 은택으로 비추었다
천성이 효라해도 능묘의 벌레 잡아 바다에 버리면서 물고기로 환생 빌며 송충이 꿀꺽 삼켜 화산의 소나무 아직도 울창하다

죽어도 끝나지 않았다 살아있듯 효도한다

〈발문〉

수학적 혹은 현실을 바탕으로 한 시조의 美學

–『억수로 쏟아지는 봄비를 뚫고/ 마라톤 풀코스를 내달리다』를 중심으로

유 선 (시조시인, 문학평론가)

1. 머리말

17년 12월 13일 아침 핸드폰이 울렸다. 元詩人이었다. “안희두 시조전집 4”의 발문 부탁이었다. 부족하지만 승낙했다. 그 날 12시에 권월자 교장이 쏘는 “거문고”에서 원고를 넘겨받기로 하였다. 저녁식사를 마치고 두툼한 원고뭉치의 첫 장을 넘겼다. “안희두 시조전집 4를 엮으며”라는 발간사가 눈에 들어왔다.

詩作 30년을 기념하기 위하여 그간의 작품들 중 “내 삶의 진국만 담겨있는 시조들을 모아” 시조전집 4를 출판하기로 하였단다. 그리고 그다음 내용에 나는 내 눈을 의심했다. 후배들에게 선물자리를 만들어주기 위한 배려로 정년 18개월을 남겨두고, 교직 36년 11개월로 명퇴를 결심했다는 것이다. 참으로 보통 사람이라면 생각하기 어려운 용단이었다. 이제는 하루라도 젊었을 때 아내와 함께 세계를 두루 여행

하면서 자아를 찾아가는 꿈을 펼치고 싶다는 것이었다.

그렇다. 사람은 꿈을 먹고 사는 동물이다. 꿈이 있으면 살고, 없으면 시체다. 실로 꿈은 희망이요 삶이다. 희망이 있는 사람은 건강한 두 날개를 펼치는 새처럼 그 삶이 늘 활발하고, 높이 비상한다. 그러나 희망이 없는 사람은 언제나 외날개로 날지 못할 뿐만 아니라 외롭고 슬프게 음지에서 숨어 살 수밖에 없다. 안시인은 건전한 양날개를 가진 새와 다름없다. 뿐만이 아니라 배려심은 물론 그 용기 또한 살만하다. 보통 사람이면 18개월 남겨놓은 정년을 과연 그리 쉽게 포기할 수 있겠는가 말이다.

이번 출간하는 시조전집 4는 전 6부로 되어 있다. 제1부는 〈돈키호테〉, 그 구성은 단시조 12편, 연시조 3편, 장형시조 5편, 절장시조 1편으로 모두 21편의 짜임성이고, 제2부는 〈미련〉인데, 그 구조는 단시조19편, 연시조 1편으로 모두 20편이며, 제3부는 〈묻지 말기〉인데, 단시조 9편, 연시조 7편, 장형시조 3편, 모두 19편으로 짜여졌다. 제4부는 〈터닝 숏〉으로, 단시조 9편, 연시조 7편 모두 16편의 구성이고, 제5부는 〈기러기〉인데, 단시조 9편, 연시조10편 모두 19편으로 짜였으며, 제6부는 〈아바마마 살려 주소〉로서, 단시조4편, 연시조4편, 장형시조 11편, 모두 19편으로 구성되어 있어 전체가 114편이나 된다.

각 편에서 작가의 마음에 들어앉은 표제나 부제가 될 만한 작품 한 편씩을 골라 전편이나 그 일부를 뽑아 간단한 해설을 붙여보고자 한다. 다만 이 과정에서 주관이 개재되기 때문에 작가의 의도에 어긋난다든가 혹은 잘못 풀이하여 작품의 가치를 떨어뜨리는 일이 있을까 자못 두렵다. 혹 잘못이 비치더라도 넉넉한 마음으로 너그러이 보아 넘겨주기 바랄 뿐이다.

2. 본말

제4시조전집의 표제를『억수로 쏟아지는 봄비를 뚫고 마라톤 풀코스를 내달리다』라고 했다. 이는 서두의 작가의 말 "시집 제목처럼 18개월 남은 정년까지 풀코스를 내달리지 못하고 교직 36년 11개월로 명예퇴직을 결심했다"란 말과 무관치 않다. 즉 그 의미는 풀코스는 38년 5개월인데 18개월을 남겨두고, 그 기간을 후배들에게 선물하기 위한 배려라고 설파했다.

제1부의 제목이 〈돈키호테〉다. 돈키호테는 세르반테스의 장편소설이면서 그 소설의 주인공의 이름이다. 1605년에 간행되고 속편은 1615년에 간행되었다. 주인공 돈키호테가 기사騎士 이야기책을 탐독하다가 망상에 빠져 여윈 말 로시난테를 타고 산초 판자와 더불어 기사수업騎士修業을 다니면서 기지와 풍자를 곁들인 여러 가지 일과 모험을 한다는 줄

거리인데, 오늘날 '돈키호테'라는 말은 소설의 주인공 돈키호테에 빗대어 현실을 무시한 공상적 이상가를 가리키는 말로 쓰이기 일쑤다. 또한 그런 인물의 유형을 돈키호테형이라고 부르며, 반대되는 유형을 햄릿형이라고 말하고 있다.

미쳤다
다 미쳤다
내가 봐도
다 미쳤다

달콤한 봄비였다
억수다 원수로다

마라~톤
풀코스를 질주하는
돈키호테 crazy
－〈억수로 쏟아지는 봄비를 뚫고 마라톤 풀코스를 내달리다〉 3수 중 둘째 수

생략한 첫 수는 현실을 반영한 "하루 종일 비 내리는 / 2015년 4월 19일 / 도로 따라 뛰는 물에 / 백령도 뱃멀미다 / 인당수 뛰어든 꿈 하나 / 활짝 핀 악몽이다"이다. 시어는 암시를 통한 애매성의 여지를 내포하고 있다. 둘째 수는 다 알다시피 초장에서 '미쳤다'를 반복 강조하고 있고, 중장에

서는 전구와 후구가 서로 대비된 속에 점층적 강조법을 쓰고 있다. 즉 마라톤 풀코스에 내리는 '달콤한 봄비였다' 그런데, 이것은 긍정적 교육환경을 암시하는데 비해, '억수'에서 '원수'로 부정적 교육환경으로 반전하고 있으며, 종장에서는 '돈키호테'의 '광신자'로 매듭지었다. 결국 전체적으로 보아 반어법의 수법을 구사하고 있다고 여겨진다. 마라톤에서 작가의 수학적 개념이 바탕에 깔린 셋째 수는 "일주일에 한 번씩 / half를 내달려도 / 42.195는 / 2차원과 3차원 / 심한가, 100℃ 물과 수증기 / 그쯤에다 비할까"라고 정격시조의 종장으로 마무리를 지었다. 수긍이 가는 작품이다.

제2부의 부제는 〈미련〉이다. 미련이란 "나는 그 일에 아직 미련이 남아있다. 우리 대표단은 미련도 후회도 없이 최선을 다했다고 본다"와 같이 품었던 감정이나 생각을 딱 끊지 못하는 것이며, "일을 그르쳐 놓은 뒤에야 이랬더라면, 저랬더라면 하고 이리저리 궁리함"을 비유적으로 이르기도 하는 말이다.

어쩌면 행복의 늪에 빠졌는지 모릅니다
진솔한 삶으로도 허공에 뜬 추억들을
하나씩 들추어 가며
제 선혈을 갉습니다

가족보다 사랑하며 지혜를 심어줘도

이미 식은 찻잔 속엔 트다 멈춘 꽃씨뿐
강물에 던졌더라면
후회는 없을 것을

불륜의 사랑인 양 행幸여 뒤를 돌아보면
부러진 날개 밑엔 계륵鷄肋만이 쌓였구나
연풍에
휩쓸리는 휴지
그 옛날이 그립다네 — 〈미련〉 전문

이 시조에서도 "인생의 현실은 마라톤이다"를 생각하면 이해가 빠를 것이다. 안시인은 현재 교직에서 마라톤을 하고 있는 것이다. 첫 수에서는 회상과 추억의 아픔을, 둘째 수에서는 중장의 '이미 식은 찻잔 속엔 트다 멈춘 꽃씨뿐'과 같이 극심한 후회를, 끝수에서 과거를 돌아보면 "부러진 날개 밑엔 계륵鷄肋만이 쌓였"다는 것이다. 여기서 계륵은 즉, 닭의 갈비뼈인데, 이는 버리기엔 아까우나 그다지 쓸모가 없는 것을 비유적으로 이르는 말이다. 그래서 "그 옛날이 그립다네"라고 미련을 설파하고 있는 좋은 시조이다.

제3부의 부제는 〈묻지 말기〉다. 먼저 작가의 "이즈음"이란 시조를 보면 이해가 빠를 것이다. "걱정되어 묻는 말에 / 대답하다 쏟은 눈물 / 머리부터 발끝까지 / 마른번개 불꽃놀이// 때때로 / 격려의 한마디가 / 독일 수도 있지요"가 그

전문이다. 역시 현실이 반영됐다.

> 취직은?
> 결혼은?
> 자랑하듯 묻지 마라
>
> 팔불출
> 될 때까지
> 그리움에 묻지 마라
>
> 자식은 피가 말랐다
> 부모는 돌부처다 ─〈묻지 말기〉 전문

이즈음 인간들은 묻기와 대답하기를 싫어하는 경향이 다분하다. 아울러 '취직'이나 '결혼' 등등을 '자랑하듯 묻지 마라' '팔불출'이 '될 때까지 / 그리움에 묻지 마라' '자식은 피가' 마르고 부모 또한 '돌부처'가 된다는 것이다. 우리는 흔히 "자식 이기는 부모가 없다"란 말을 쓴다. 요즈음 세태를 아주 적나라하게 나타내고 있는 시조이다.

제4부의 부제는 〈터닝 슛〉이다. 이의 원제는 "독일월드컵"이다. 전 6수 중 4, 5수를 뽑아 '터닝 슛'이라 명명했다. 터닝 슛은 농구나 축구 따위에서 몸을 돌리면서 공을 던지거나 차는 묘기를 지칭한다. 2006년 6월 9일부터 7월 9일까지 31일

동안 독일에서 치러진 제18회 월드컵 축구대회가 그 배경이다. 지역예선을 거친 32개국이 참가해 총 64경기가 치러졌으며 총 147골, 경기당 평균 2.3골이 터졌고 프랑스를 승부차기 끝에 이긴 이탈리아가 우승을 차지했던 것이다.

강팀에게 외려 강한 / 붉은 악마 태극전사
필승 비법 있다지만 / 8위와 29위
실력은 인정하면서도 / 일내길 기원했다

역전으로 토고 넘듯 / 프랑스도 그리되길
들어가는 헤딩숏도 / 넘어지며 쳐낸 마법
신들린 춤판으로 승리하길 / 전 국민은 열망했다

스위스를 넘어야 16강에 오른다
역전의 명사답게 위기 후에 호기인데
선심은 깃발을 들었어도 / 주심은 당당했다

Cha Bum의 실수인가 엄살인가 몰라도
억울해요, / 주심의 결정적인 실수예요
터닝 슛! / 저거 제가 해봤는데 / 어려워요! / 어려워요!

인프런트로 센터링 가슴으로 트래핑
발등과 볼의 임팩트 정확해야 뜨지 않죠
축구는 어디까지나 과학이죠, / 골인 골인 슛 골인

꿈속에서 혼잣말로 치고받는 축구지만
사실은 문선이가 제대로 설명했지
선생님, 누리꾼 폭탄 맞아요 / 그렇게 죽고 싶어요
– 〈독일월드컵〉 전문

여기서는 참고로 "독일월드컵" 전문을 보였지만 작가의 '터닝 슛'이란 제목은 4수와 5수만이다. 즉 4수는 "Cha Bum의 실수인가 엄살인가 몰라도 // 억울해요, / 주심의 결정적인 실수예요 // 터닝 슛! / 저거 제가 해봤는데 / 어려워요! / 어려워요!"이고, 5수는 "인프런트로 센터링 가슴으로 트래핑 // 발등과 볼의 임팩트 정확해야 뜨지 않죠 // 축구는 어디까지나 과학이죠, / 골인 골인 슛 골인"이다. 주심의 오심과 슛의 기술 등을 눈으로 현실을 직접 관찰하듯이 구사한 훌륭한 시조작품이다.

제5부의 부제는 〈기러기〉다. 이는 조류, 오릿과 기러기속에 속한 물새인데, 전체적으로 오리와 비슷하나 목이 길고 다리가 짧다. 강, 바다, 늪가에 살며, 가을에 우리나라에 와서 봄에 시베리아, 사할린, 알래스카 등지의 북쪽으로 날아가는 철새이다. 쇠기러기, 큰기러기, 회색기러기 등이 있다. 기러기는 고대 중국에서부터 백년해로百年偕老의 상징이었다.

어둠을 헤치면서
앞장을 선다는 건

모두에게 희망이다
우리에게 에너지다
기러긴
그렇게 겨울을 날아간다
베풀며
힘을 얻어

날아가다 지치면
살짝 뒤로 물러나고
리더를 교대하며
눈보라를 가른다
끼루룩
합창을 하며
세월을
건너간다 – 〈기러기〉 전문

윗 시조는 기러기의 시련 극복을 빌려 우리 인간의 시련 극복을 주제로 삼고 있다. 첫 수에서 '어둠을 헤치면서 / 앞장을 선다는 건' / '모두에게 희망'이고 '에너지'라는 것이다. 기러긴 그렇게 '베풀며 / 힘을 얻어' '겨울을 날아간다'는 것이고, 둘째 수에서는 '날아가다 지치면' '교대하며 / 눈보라를 가른다'는 것이며, 또한 그렇게 '합창을 하며 / 세월을 / 건너간다'는 것이다. 즉 서로 상부상조하면서 세월을 극복해야 한다는 뜻을 강조한 시조이다.

제6부 19편 중, 연시조인 "반포조"와 단형시조인 "불효자" 2편이 효에 관한 것이고, 기타 6편은 보상, 희망, 부러움, 향기, 보시 등에 관한 것들이며, 장형시조 11편이 정조의 탄생부터 죽음에 이르기까지를 나타낸 시조이며, 부제는 "정조 2"의 〈아바마마 살려 주소〉이다. 이는 화성 수원의 주인공인 정조대왕의 말을 빌려, 당파로 희생되는 아버지 사도세자인 장조를 살려달라고 애끓는 하소연이다. 그 당시 상황을 간략히 적어본다.

정조의 아버지인 장조는 15세가 되던 해인 1749년(영조 25년)부터 영조를 대신하여 대리청정을 하였다. 그러나 영조는 장조에게 대리청정을 맡겼으나 일처리에 대해서는 끊임없이 질책하였고, 짐짓 왕좌를 물려주겠다고 떠보기도 하여 장조는 홍역을 앓는 와중에도 돗자릴 깔고 사죄하기도 하였으며, 정조가 태어난 해인 1752년(영조 28년)에도 영조는 병중에도 장조가 올리는 탕약을 받지 않고 불편한 심기를 드러냈다고 한다.

아버지인 영조와의 불화로 심리적 위기를 겪는 장조는 노론이었던 홍봉한 가문을 처족으로 맞이하였지만, 대리청정을 하면서 소론에 우호적이었고 노론에 충돌을 거듭하여 영조와의 불화가 더욱 깊어졌다. 그리고 장조는 관서행, 서연불참, 기녀들과 놀기 등 문제되는 행동을 많이 했다. 영조 스스로가 경종시절 노론의 힘을 업고 즉위할 수 있었기 때문에 그의 탕평책 역시 노론의 입장을 두둔할 수밖에 없었다.

마침내 영조는 1762년 윤 5월에 장조를 폐위하고 뒤주에 가두었으며, 장조는 뒤주에 갇힌지 8일 뒤에 죽었다. 영조는 장조가 죽은 뒤 그를 복위시키고 사도라는 시호를 내려 장례를 치렀다. 그리고 세손 나이 24세 때인 1775년(영조 51년) 영조가 82세의 나이로 노환에 시달려 옥새를 세자궁으로 옮겨 대리청정을 맡겼다. 1776년 음력 3월 묘시에 영조가 경희궁 집경당에서 승하하여 5일이 지나자 왕세자 이성은 조선의 제22대 임금으로 즉위하였단다.

참고삼아 아래에 〈정조 2. 아바마마 살려 주소〉 전문을 소개하면서 이만 본문을 그친다.

아바마마 여의주를 너무 일찍 받았나요

제발 제발 우리 아빠 아바마마 살려주소, 제 목숨 바치려니 아바마마 목숨만은 이리 뛰고 저리 뛰며 왕세손 붉은 선혈 입으로 토해내며 피눈물 쏟음에도 정신 나간 할바마마 묵묵부답, 펄펄 나는 스물여덟 왕명 받은 세자 선 자진을 시도해도 사람 목숨 그리 쉽나, 패륜의 왕세자를 오뉴월 땡볕 아래 뒤주 속에 가두어 굶주려 죽게 하라, 그래도 살아 있다 풀을 베다 푸욱 덮으라 불같은 영조 명령 그 누가 어기겠나, 숨을 막는 두엄에다 찌는 듯 타는 날씨 혀가 타고 가슴 터져 팔일 만에 세상 뜬다, 그래, 그랬다, 탕평책 처방전도 세월에 중독되어 고질병 당파싸움 백약이 무효구나, 당대를 주름잡던 노론의 건의 있고 영조 나이 쉰하고 다섯이니, 건강상 핑계 삼아 열다섯 세자에게 서정庶政을 맡겼는데, 죽을 고비 몇 번 넘겨 오른 왕위 그리 쉽게 물려주나, 서로가 잘났다는 붕당놈덜 떠보면서 대리 정치 재밌건만 세자는 왕이 된 양 여기저기 부딪치며 무탈하리 생각했나 모함 받아 말똥 싸다, 미안하다 세자 선아, 금실 지락 왕후 서씨 앞을 서서 보낸 슬픔 이태를 삼킨 후에 열다섯 정순왕후 새 출발 삼 년인데 왕위를 어찌 주나, 세제로 책봉된 후 역모에 휘말리며 조바심에 얻은 지병 네게 가니 조울증인가, 그 아니 답답해도 비행을 저지르고 궁궐을 빠져나가 관서를 유람할까, 새 왕비 세자보다 열 살이 아래여도 어머니는 어머니요 받들어 모셔야 할 왕비거늘 생모조차 네 죄 추궁 열 번 죽어 마땅하다, 그 길이 조선 살고 내가 살고 세손 살고

시퍼런 당쟁의 소용돌이 세자를 삼켰구나

3. 맺음말

지금까지 제1부에선 〈돈키호테〉, 제2부의 〈미련〉, 제3부 〈묻지 말기〉, 제4부 〈터닝 숏〉, 제5부 〈기러기〉, 제6부 〈정조 2. 아바마마 살려 주소〉 등 여섯 수를 주마간산 격으로 살펴보았다. 이뿐만이 아니라 다른 모든 시조들이 모두 우

리들이 겪고 있는 수학적 혹은 현실을 바탕에 깐 순수하고 단단한 114편의 시조들로, 아름다운 한옥인 기와집 한 채를 건축하였다. 그 기와집이 바로 수학적 혹은 현실을 바탕으로 한 시조의 美學이다.

안희두 시인은 자유시로 출발하였으나 경기도 시조의 갈밭을 열심히 갈아 수학적 개념을 양쪽에 승화시킨 특수한 실험적 시인이며 시조시인이다. 앞으로도 우리의 고유한 민족시인 시조를 한층 더 아끼고 사랑하는 별이 되기를 바라는 마음 간절하다.

아무튼 시와 시조로 새로운 지평을 개척하는 元詩人 안희두 시인의 빛나는 문체를 빌면서 새로운 창작하는 작품들이 무딘 독자들의 가슴을 뭉클하게 울려주기를 간절히 바라마지않으면서 이만 졸고를 접는다.

안희두 교육활동 및 문단활동

▶ 출생 및 학력

충북 청주시 서원구 현도면 출생

옥포초, 부강중, 청주고 졸업

충북대학교 사범대학 수학과 졸업

경기대학교 교육대학원 수학과 졸업

▶ 교직 경력

1981.3~1983.3 안동상업고등학교(현재 안동중앙고등학교) 2년 근무

1983.3~1990.2 수원공업고등학교 7년 근무

1990.3 경기도교육청 사립특채로 공립학교 발령

1990.3 수원 송원여자중학교(현재 송원중학교) 5년 근무

1995.3 수원 곡선중학교 3년 근무

1998.3 오산 성호고등학교 2년 근무

2000.3 수원정보산업공업고등학교(현재 수원정보과학고등학교) 7년 근무

2007.3 화성시 동탄신도시에 개교한 동탄고등학교 교감으로 승진 5년 근무

2012.3 수원 숙지중학교 5대 교장(공모)으로 부임 4년 근무

2016.3 용인 신갈중학교 15대 교장으로 부임 2년 근무

2018.2 명예퇴직

▶ 주요 논문

수학사 관련 학습 자료 개발 활용을 통한 고등학교 수학과 학력 신장 (경기도현장교육 연구대회 1등급 1999.2)

수학사 관련 학습 자료 활용을 통한 학습의 흥미와 성취도에 관한 연구 (경기대학교 교육대학원 논문 2000.2)

소항목별 만화그리기 발표를 통한 디자인과 학생들의 기초학력 신장(전국현장교육연구 대회 수학분과 2등급 2002.3)

▶ 경기도교육청 단위 주요 교육활동

1994, 95, 96, 97 경기도 중고등학교 수학교과연구회 연구위원

1995.3 제7회 경기도 중고등학생 수학·과학경시대회 평가위원

1996, 97, 98, 99 경기도 과학우수아 진단평가 출제위원

1996.4 경기도 학업성취도 평가위원

1997.5 경기도 특별연구교사로 선정

1998, 99, 2000, 2001, 2002 경기도 열린교육 연구위원

1999.4 경기도 중학교 과학과 특기신장교육 지도자료 개발위원

2000.2 경기도교육정보연구원 현장연구지원단 연구위원

2000.4 교실수업 개선을 위한 2000학년도 경기도 교과교육연구위원

2002.6 경기도 수업개선연구회 연구위원

2003.4 실업계 고등학교 기본학력 정착 지도교재 개발위원

2003.8~2005.6 한국교육개발원 『교육현안문제모니터위원』

▶ 수학교사로 라디오, TV출연, 주요 강연

1987년 11월 충북대 강연 『수학적 개념으로 살펴본 남녀관계』

1991년 8월 26일 국민교육신문 특집기고(8면 전면)

1993년 11월 14일 EBS-TV 〈교사의 시간〉(60분) 장훈, 육인선 등과 함께 출연

1995년 2월 ~ 1997년 8월 EBS-TV 중1수학 자문위원(매시간 EBS-TV 첫 화면에 소개)

1995년 9월 2일 EBS 라디오의 〈우리 선생님 최고〉 30분간 방송됨

1996년 2월 28일 EBS-TV 중2수학 강의

1998년 2월 EBS-TV 중2수학 교재 공동 집필(1학기용)

2009년 5월 23일 한국수학교육학회 주최 〈제42회 전국수학교육연구대회〉(강원대학교) 기조강연 주제는 『수학에 대한 긍정적 태도와 흥미유발 방안 탐색』 강연제목 『지겨운 수학이 친구가 되도록』

2009년 7월 4일 경기도중등수학과교육연구회 특강 강연 『Math-topia 건설을 위해』

▶ 교육전문월간지 〈우리교육〉에 기고

1991년 4월호 [나의 주장] 흥미를 불러 일으키는 수학교육을 제안한다

1991년 8월호 [가르치며 배우며] 에디슨이 일차방정식을 푼

다면

1992년 1월호 [배우며 가르치며] 낙하산 대신 배낭을 메고 뛰어내린 사람

1992년 12월호 [가르치며 배우며] 은이 부모님께 드립니다

1994년 2월호 [수업방법 100가지] 실험을 통한 입체도형의 부피 구하기

1995년 3월호 [교과지도 / 효과적인 첫 수업] 질문지를 통한 학습태도 바로잡기

1995년 4월호 [교과지도 / 토론수업] 토론으로 푸는 집합과 도형

1995년 6월호 [특집] 제6차교육과정 개편에 따른 서술식 평가 및 중학교 수학 서술식 평가문항 자료

1996년 5월호 [교과지도] 그래프와 삽화를 이용한 수업

▶ KBS 발행 월간 『열린 생각 좋은 글』에 수학사 연재

1994. 4월호 창간호 〈단위분수와 무리수의 탄생〉

1994. 5월호 〈까다로운 막내둥이 '0'〉

1994. 6월호 〈'X'를 찾아서〉

1994년 7·8월호 〈우주의 미래를 예측하는 좌표의 세계〉

1994년 가을호 〈도박장에서 탄생한 확률〉

1994년 겨울호 〈가장 아름다운 도형 '원'〉

▶ 시집과 시조전집

제1시집 『뫼비우스의 띠를 드립니다』(1987.5 온누리)

제2시집 『뫼비우스의 띠와 삶』(1988.5 온누리)
제3시집 『갸우뚱꺄우뚱론』(1992.11 온누리)
제4시집 『금강산과 로키 그리고 항주와 하롱베이』(2005.7 월간문학)
제5시집 『눈빛사냥』 (2006.6 월간문학)
제6시집 『개간지 두샘』(2008.9 아침)
제7시집 『꽃으로 바람을 달이는 철부지』(2010.10 아침)
제6시집 증보판 『개간지 두샘』(2013.3 아침)
제8시집(안희두시조전집 1) 『쇅! 뚫렸다 참 아름다워요』 (2017.6 고요아침)
제9시집(안희두시조전집 2) 『행복 주머니 한반도』(2017.6 고요아침)
제10시집(안희두시조전집 3) 『인생을 여행이라 쓰고 행복으로 읽는 For-me』(2017.5 고요아침)
제11시집(안희두시조전집 4) 『억수로 쏟아지는 봄비를 뚫고 마라톤 풀코스를 내달리다』

▶ 편역서 『환상의 수리탐구여행』(1993.12 장백) 1993년 12월 17일 서울 YWCA 청소년 추천도서로 선정(중앙일보)

▶ 주요 문단 활동
1988년 1월 ~ 2015년 2월 경기시조시인협회
1988년 3월 수원문인협회 가입

1988년 11월 ~ 1992년 수원문화원『수원사랑』편집위원
1990년 7월『수학으로 본 세태만상』10회 연재(문학사상 신문)
1991년 3월 문학세계 추천(1991년 3월호, 박재삼, 오명규 추천)
1992년 1월 한국시조시인협회 가입
1995년 1월『70일간의 수학 여행』(새터) 감수
1996년 1월 한국민족예술인총연합 수원지부 부지부장
1997년 5월 한국문인협회 가입
2003년 국제PEN클럽 한국본부 가입
2006년 2월 ~ 2008년 2월 경기시조시인협회 회장
2006년 3월 ~ 2009년 2월 한국시조시인협회 이사
2007년 3월 한국문인협회 경기도지회 시조분과위원장
2013년 3월 ~ 2014년 12월 한국문인협회 수원지부 회장 (지부장 겸임)
2014년 4월 ~ 2014년 12월 수원문학인의 집 초대 관장
* 그밖에 문단 활동으로 한국자유문인협회, 한국자유시인협회, 현대수필문학회, 한국민족문학회, 경기문학인협회 등에서 활동

◆ 주요 위촉장

수원시 새마을 사랑의 효편지 쓰기 공모전 심사위원장 / 2013.5.27
수원시도서관운영위원회 위원 / 수원시장 /

2013.12.6 ~ 2014.12.31

수원시 인문학자문위원회 위원 / 수원시장 / 2013.12.27 ~ 2015.12.26

사단법인 한국문인협회 경기도지회 문인권익옹호위원회장 2015.2.10 ~

수원지방법원 조정위원(2015.9.21 ~ 2017.3.18)

◆ 인물사전 수록

1995년 12월 『한국을 움직이는 인물들(하권)』(중앙일보사)

2001년 3월 5일 『한국의 인물21C』(후즈 후 코리아)

2001년 3월 30일 『Who's Who in Korea 21C』(후즈 후 코리아)

2002년 5월 20일 『한국시대사전』(을지출판공사)

2011년 3월 31일 『한국시대사전』(이제이피북)

◆ 각종 수상

1994년 5월 경기도교육감상 수상

1997년 12월 교육부장관상 수상

2000년 2월 경기대학교 총장 공로상

2001년 1월 한국자유시인협회장상

2005년 12월 수원문학상 작품상

2007년 2월 경기도문학상 작품상

2010년 12월 경기문학인상 작품상

2015년 7월 24일 수원문학상 대상

교직과 문단에 한 획을 그으며

국립사범대학을 1981년 2월 졸업 후 교육부로부터 충청북도로 배정이 되어 3월초 발령을 기대하고 있었는데, 1980년 국보위 7·30 과외금지로 세상이 갑자기 바뀌어 무기한 발령 대기 상태로 돌변했다. 서너 달 더 기다렸으면 경기도로 배정을 변경하여 공립학교로 발령받았을 것을, 먹고살기가 급박해 기다리지 못하고 사립학교를 택했다.

기적이었다. 사립학교인 안동상고와 수원공고에서 9년을 보내고, 1990년 3월 1일 자로 경기도교육청에 특별 채용되었고, 살고 있던 수원시내 송원여자중학교로 발령을 받았다. 몇 해 근무하다보니 승진하고는 거리가 한참 멀어져 보였다. 차라리 오지로 발령 났어야 했는데. 그러나 이를 깨닫고도 편안함에 안주하며 8년의 세월을 허송했다. 소위 농어촌 학교 점수를 따려고 내신을 내었으나 전혀 다른 오산의 성호고등학교에 발령을 받았다. 승진의 꿈을 부수고 수원시내 인문계 고등학교에 초빙교사를 지원했는데, 엉뚱하게 전문계고인 수원정보과학고에 발령을 받았다.

연구부 차석으로 교육부 시범학교 계획서를 작성했는데 채택이 되었고, 연구부장으로 심혈을 기울이다 보니 승진의 기회를 잡게 되었다. 농어촌 점수가 제로인데도 2006년 2월 높은 점수로 교감 연수 대상자로 선정되었다. 이듬해인 2007년 3월 집에서 8㎞ 거리 동탄신도시에 개교하는 동탄고등학교 교감으로 승진 발령을 받았다. 운 좋게 교감 경력 4년 만에 2011년 교장 연수 대상자가 되었고, 다음 해인 2012년 3월 숙지중학교 공모교장으로 발령을 받았다. 4년 임기를 마치고 용인시에 있는 신갈중학교에서 2년을 근무했다. 교장으로 정년 18개월을 남기고, 후배에게 임용과 승진의 기다림을 덜어주려고 명예퇴직을 신청하였다.

수학교사로서 되돌아보면 참으로 다양한 일을 많이 하였다. 경기도교육청 교육감의 위촉 활동만 살펴봐도, 경기도 수학교과연구회 창립멤버로 최근까지 회원으로 꾸준히 참여했으며, 영재교육 자료개발과 평가위원, 열린교육 선도요원 등으로 강연과 교재 개발, 수준별 이동수업의 연구와 수업개선 활동에 앞장서 왔다.

그뿐인가, 교사로 근무하면서도 EBS-TV 〈교사의 시간〉 출연을 시작으로 KBS 발행 중학생 잡지 〈열린 생각 좋은 글〉에 1년간 수학사를 연재했고, EBS-TV 중1 수학에 작가 겸 자문위원으로 3년간 활동하였으며, EBS-TV 중2수학 교재 개발에 공동저자로 참여도 했다.

가장 기억에 남는 것은 고故 노무현 전 대통령이 타계하시던 날 강원대학교에서 열린 〈제42회 전국수학교육연구대회〉에서 고등학교 교감으로 대학 교수님들 앞에서 기조강연을 한 것이다. 강연 주제는 『수학에 대한 긍정적 태도와 흥미 유발 방안 탐색』이었다. 또 하나 기억을 들추자면, 2004년 경기도교육청에서 영재교육 유공교원으로 선발되어 캐나다의 밴쿠버와 미국 샌프란시스코, 로스앤젤레스의 고등학교 과정의 영재교육센터를 탐방한 것이다.

시인으로 삶을 되돌아보면 객지에서 풍파를 이겨내며 그래도 성공하지 않았나 생각한다. 1987년 5월 발행한 처녀시집 『뫼비우스의 띠를 드립니다』는 대大수학자 김용운 교수님의 〈책머리에〉 추천글과 김태성 교수님의 〈해설〉을 실었다. 경인일보에 실린 인터뷰 기사가 김동엽의 〈MBC 라디오 홈런출발〉에 소개되면서 정말 홈런을 날렸다. 초판 2,000부가 품절되어 1년 만에 재판을 찍었으니 말이다.

이제 시인으로, 베스트셀러 작가로 비상하기 위해 1년 만에 제2시집을 출판했고 광고를 했는데도 불구하고, 반응은 참담하게 싸늘했다. 충격을 받은 지 4년이 흘러 여중생들의 인기를 업고 제3시집을 출판했는데, 오판이었다. 13년의 세월이 흘러 사심 없이 발표한 작품들을 불러 모으기 위해 연이어 4권의 시집을 엮었다.

이 7권의 시집은 자유시가 주류를 이룬다. 그러나 세상에 고한 첫 작품은 〈사랑의 이중창〉으로 중앙일보 1983년 7월 9일자 독자시조란에 실렸다. 그리고 첫 번째 가입한 문학단

체도 경기시조시인협회다. 그동안 발표한 작품들을 모아 문단 30주년 기념으로 지난해 시조전집 3권을 발행했다. 이번에 시조집으로 마무리가 된다.

수원에 본부를 둔 경기시조와 수원문학, 경기문학에서 주로 문인활동을 하며 자천타천으로 경기시조와 수원문협에서 회장도 역임했다. 수원시 인문학자문위원으로 활동하며 무엇보다도 수원시내 버스정류장에 〈인문학 글판〉을 설치한 것과 〈수원문학인의 집〉을 개관하여 초대 관장을 역임하며 수원이 인문학 도시로 발전하는데 기여를 하였다.

지금까지 걸어온 길을 반추하면 교사와 시인으로 열심히 살아왔지만, 교사로서 최선을 다하지 못했고 정열을 제자들에게 쏟지 못해 정말 미안한 마음이다. 제자들 앞에 떳떳하게 나설 용기가 없다. 또한 시인으로 늘 머리카락을 쥐어짜며 명작을 꿈꾸었다. 분명 꿈속에서는 명작이었는데, 아침이면 허탈해지는 가슴을 기를 쓰며 쓸어 담았다. 안희두 시조전집을 마무리 하면서도 미완이다.

어리석지만 새해, 새로운 봄을 맞이하며 새로운 인생을 노래해야겠다.